Conhecer & Amar a Deus

Explicar Deus a Crianças de Todas as Confissões

POR THE SINCERE SEEKER KIDS COLLECTION

God

DEUS É UM E ÚNICO.
DEUS É O NOSSO CRIADOR.
DEUS CONTROLA E CUIDA DE VOCÊ, DAS NOSSAS
FAMÍLIAS E DE TUDO MAIS.
DEUS NOS DÁ ALIMENTOS E UMA CAMA QUENTINHA E
ACONCHEGANTE, ONDE NOS SENTIMOS SEGUROS E PROTEGIDOS.
DEUS ESTÁ LÁ EM CIMA, NOS CÉUS.

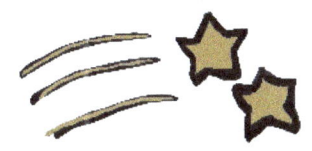

DEUS CRIOU GRANDES PLANETAS E PEQUENOS PLANETAS.
DEUS CRIOU A TERRA PARA NELA VIVERMOS.
DEUS CRIOU ESTRELAS BRILHANTES QUE NOS DÃO LUZ.
DEUS CRIOU TODO O UNIVERSO.

DEUS CRIOU A Lua CHEIA.
DEUS CRIOU NUVENS CINZENTAS FOFINHAS.
DEUS FAZ a chuva cair na terra para alimentá-la e limpá-la.
DEUS FAZ COM QUE O VENTO SOPRE EM DIFERENTES DIREÇÕES.
DEUS FAZ COM QUE O SOL BRILHE MUITO.

DEUS CRIOU A ÁGUA FRIA E TAMBÉM A ÁGUA QUENTE.
DEUS CRIOU BONITOS RIOS AZUIS.

DEUS CRIOU OS GRANDES OCEANOS.

DEUS CRIOU OS MARES FUNDOS E ESCUROS.
DEUS FAZ COM QUE AS ondas MEXAM E SUBAM.

DEUS CRIOU ALTAS MONTANHAS Rochosas.
DEUS CRIOU PEQUENAS MONTANHAS NEVADAS.

DEUS CRIOU BANANEIRAS E LARANJEIRAS PARA COMERMOS.
DEUS CRIOU BONITAS E CHEIROSAS FLORES DE VÁRIOS tipos E CORES PARA DESFRUTARMOS.

DEUS CRIOU FAMÍLIAS FELIZES PARA PASSARMOS TEMPO EM CONJUNTO. DEUS CRIOU PAIS DEDICADOS QUE NOS EDUCAM E AMAM, E PARA QUE SEJAMOS BONS PARA ELES. DEUS CRIOU IRMÃOS E IRMÃS DIVERTIDOS QUE SE PREOCUPAM CONOSCO E NÓS NOS PREOCUPAMOS COM ELES.

DEUS CRIOU **GRANDES** ANIMAIS, COMO OS ELEFANTES AFRICANOS

E URSOS CASTANHOS E

CROCODILOS VERDES COM *DENTES* AFIADOS.

DEUS CRIOU PEQUENOS ANIMAIS COMO
A minúscula JOANINHA E A ABELHA ZUMBIDORA.
DEUS CRIOU GAFANHOTOS SALTITANTES,
PEQUENINAS FORMIGAS E LIBELULAZINHAS VOADORAS.

DEUS CRIOU ALIMENTOS NUTRITIVOS PARA AJUDAR OS NOSSOS CORPOS A CRESCEREM SAUDÁVEIS & FORTES.
DEUS CRIOU BEBIDAS SABOROSAS PARA QUANDO VOCÊ TEM SEDE.
DEUS CRIOU UVAS ROXAS, PÃO FRESCO DELICIOSO, QUEIJO AMARELO, GALINHA SUCULENTA E MARAVILHOSAS MAÇÃS VERMELHAS.

DEUS DÁ ÀS PESSOAS VIDA & OFERECE TAMBÉM MUITAS COISAS PARA ELAS.
DEUS NOS DÁ UMA CASA CONFORTÁVEL PARA VIVERMOS,
UM CARRO PARA DIRIGIRMOS, OS NOSSOS
BRINQUEDOS PARA BRINCARMOS,
AS NOSSAS MÃOS PARA FAZERMOS COISAS E OS NOSSOS
PÉS PARA ANDARMOS,
OS NOSSOS OLHOS PARA VERMOS, OS NOSSOS OUVIDOS PARA
OUVIRMOS E AS NOSSAS BOCAS PARA COMERMOS E FALARMOS.

DEUS VÊ E SABE TUDO O QUE
ACONTECE.
DEUS OUVE TUDO O QUE É DITO.

DEUS É BASTANTE CARINHOSO.
DEUS NOS AMA MUITO, MUITO.
DEUS CUIDA DE NÓS MUITO, MUITO.
NÓS DEVEMOS AMÁ-LO TAMBÉM.

TODO O BEM VEM DE DEUS.
DEUS É A LUZ DOS CÉUS E DA TERRA.
DEUS PÕE LUZ NO CORAÇÃO DAS PESSOAS.

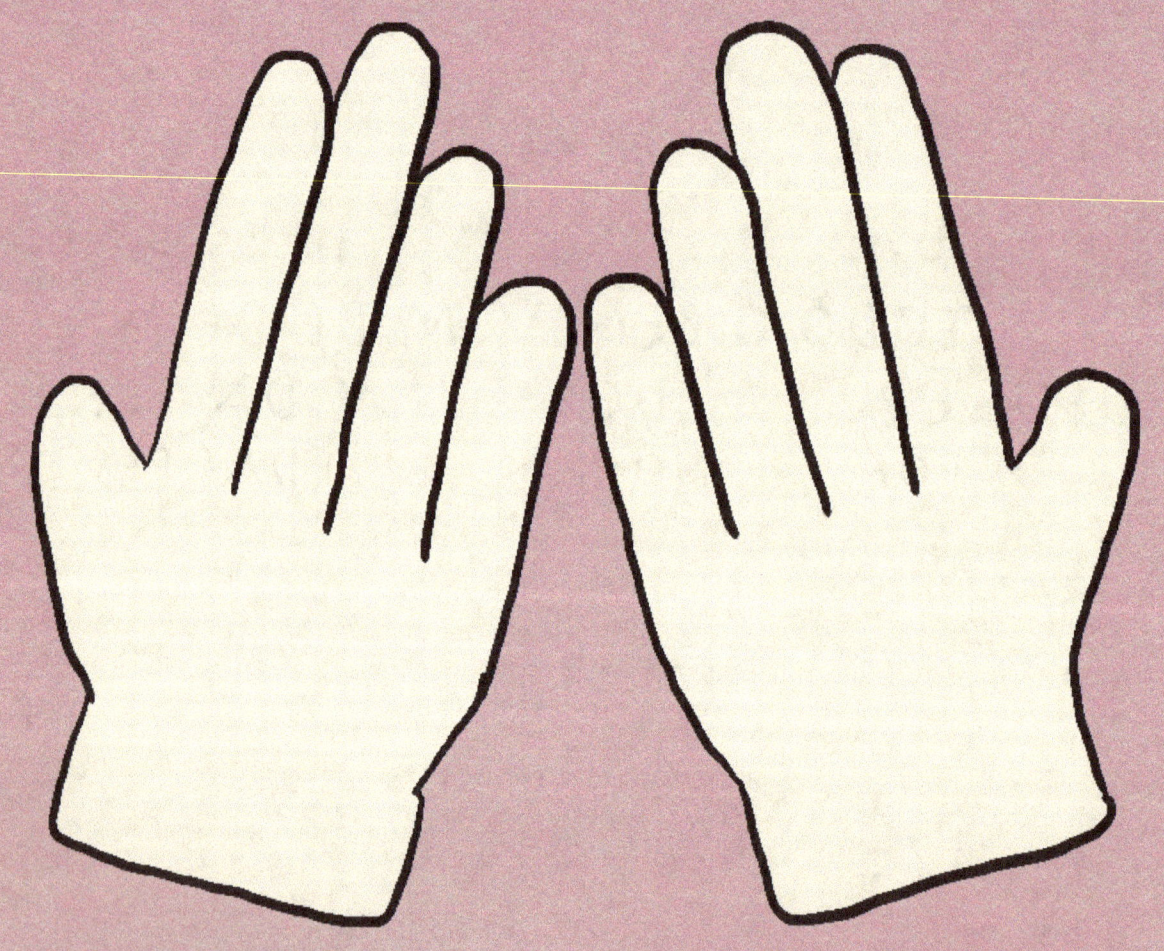

REZAMOS A DEUS PORQUE DEUS NOS
CRIOU E NOS AMA,
E NÓS TAMBÉM AMAMOS DEUS.
DEUS RESPONDE ÀS NOSSAS PRECES
DUA QUANDO LHE PEDIMOS.
DEVEMOS SEMPRE FALAR COM
DEUS.

DEUS DARÁ ÀS PESSOAS BOAS UM PARAÍSO FE
LIZ, ONDE TERÃO TUDO O QUE DESEJAREM E
VIVERÃO FELIZES PARA SEMPRE.

FIM

www.ingramcontent.com/pod-product-compliance
Lightning Source LLC
Chambersburg PA
CBHW081006140626
46546CB00019B/3464